地震にそなえよう

子ども向け・楽しく学べる地震安全ガイド

I0620953

この本は以下の人物のものです：

作：**Dr. Fei Zheng-Ward**　　絵：**Moch. Fajar Shobaru**　　訳：**Yui**

識別番号：　**ISBN 979-8-89318-153-1**（電子書籍）
　　　　　　ISBN 979-8-89318-154-8（ペーパーバック）

地球の表面は、パズルのピースみたいな大きな板でできているんだよ。そのピースたちは、ときどきすべるように動くことがあるよ。ぎゅっと押し合ったり、はなれたりすることもあるんだ。その動きで地面がゆれて、私たちはそれを「じしん」として感じるんだよ。

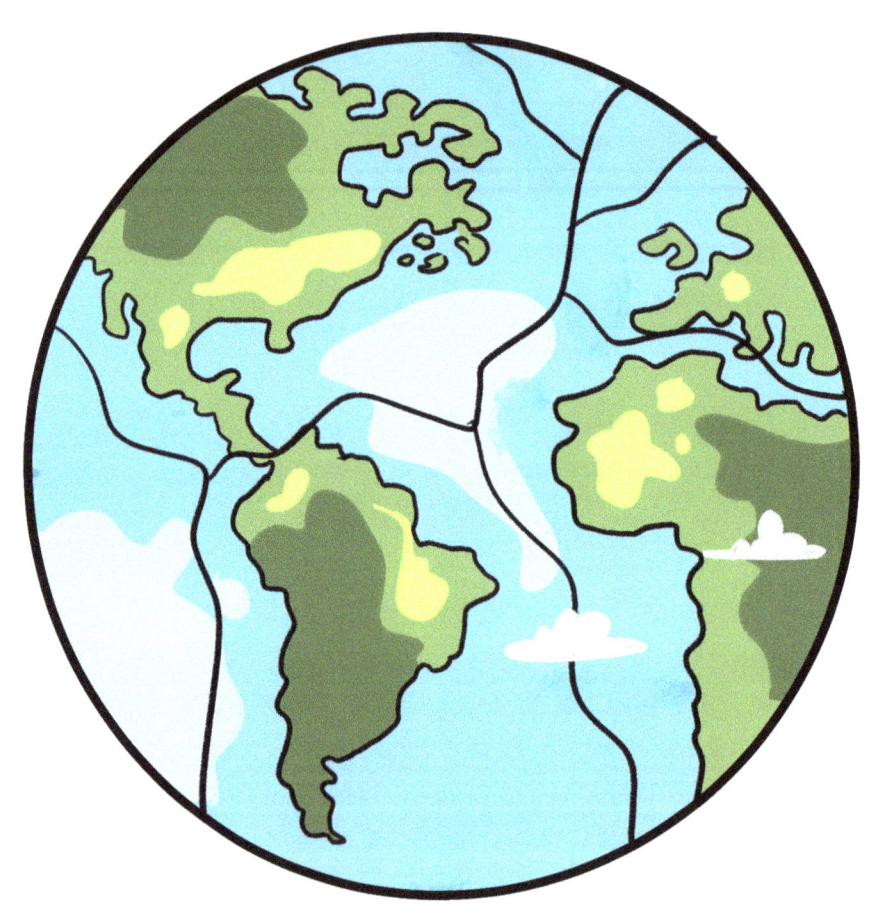

じしんを感じたことはある？

____ はい   ____ いいえ

大きなゾウさんが地面を歩いているところを思いうかべてみてね。
小さなアリさんやむしさんは、足の下がゆれるのを感じるんだ。

つぎに、大きなトラックがそばを通るところを思い浮かべてみてね。
ガタガタごうごうって音がして、地面がゆれるよね。

じしんは、それにちょっと似ているんだ。
でも、ゆらしているのはゾウさんでもトラックでもなくて、地球そのものなんだよ。

じしんは、どこでも いつでも おこることがあるよ。あそんで
いるときでも、ねているときでもね。
だから、じしんについて家族みんなで知っておくのが大じ。そ
うすれば、じしんがきたときにあんしんだよ。

じゃあ、じしんの「まえ」「とちゅう」「あと」にできることをいっしょに学ぼう！

じしんがくるまえにできること

家族と話し合って計画を立てましょう。

おうちの人といっしょに、つぎのものが入った「じしんセット」をつくろうね。

つめたもののよこの □ に チェック （✓）をつけてみよう。

- [ ] なんにちかすごせる おみずと ごはん
- [ ] つくライト と よけいの でんち
- [ ] けがをしたときの ちいさな くすりセット
- [ ] ホイッスル（ピーッとならすふえ）
- [ ] すこしのおかね
- [ ] いつも のんでいる おくすり
- [ ] くるくるまわしてつかう ラジオ
- [ ] あるきやすい くつ

ほんだな や たんす、テレビ、れいぞうこみたいな 大きな
家具は、たおれないように かべに とめてもらえるか、おう
ちの人と はなしておこうね。

☐ テレビ

☐ 食器棚

☐ タンス

☐ 冷蔵庫

☐ 本棚

ご自宅の中で、他にも固定しておくべき大きなものはありませんか？

このおへやの中で、じしんのときに あぶなくないように「たしかめたり」「あんぜんなばしょにうつしたり」「とめたり」したほうがいいものはどれかな？

あなたのおへやで、あんぜん
のために とめておけるものは
なにがあるかな？

このページのこたえ
を、どうおもう？
どんなアイデアがあ
るかな？

より安全な場
所に移動して
ください。

確認して安全を確保する
か、より安全な場所に移
動させてください。

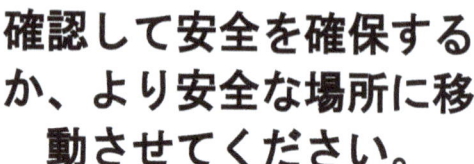

確認して安全を確保する

じしんのときにできること

じしんをかんじたら、まずはおちついてね。
ちかくに大きな家具やまど、かがみがあったら、すぐに
はなれてあんぜんなところへいこう。

ひざをついて、あたま と くび をおさえながら、つよいテーブルやつくえの下に すばやく はいって、しっかりつかまろう。

1 伏せる

2 隠れる

3 つかまる

テーブルの下に入れないときは、ものがおちてこないところにうごいて、あたまとくびをまもってね。

もし 車いすにのっていたら、タイヤをロックして、あたまとくびをまもろうね。

くるまにのっていたら、うんてんしている人に あんぜんなばしょに と
めてもらって、そのまま シートベルトをしたまま 車の中にいようね。

ばしょは、はし や こうそくのわき、木 や みちのしるし、でんせんみ
たいに おちてきそうなものの近くは さけてね。

家やビルの中にいたら、そのまま外に出ないで、あんぜんに
かくれられる場所をさがそう。

テーブルやつくえの下へ入って まもってね。エレベーターは つかわないよ。

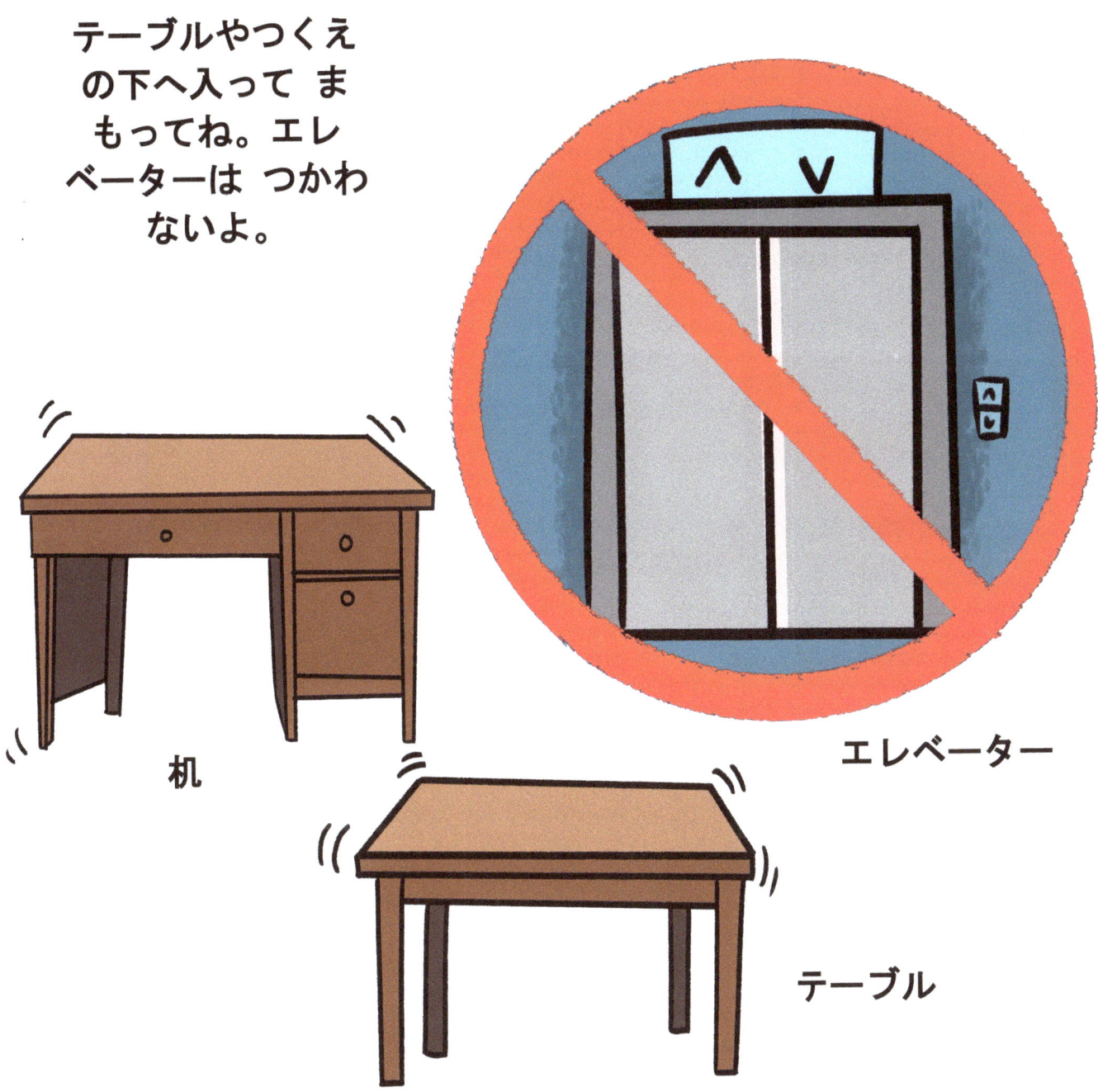

机

エレベーター

テーブル

外をあるいていたら、大きな建物、木、でんせんから はなれて歩こうね。車にも気をつけてね。

建物

木々

送電線

車

ねているときに じしんがきたら、まく
らで あたま と くび をまもろうね。

じしんがおわったあとにできること

まずは じぶんが けがをしていないか たしかめよう。

大人があなたの様子を見に来て、あなたが大丈夫かどうか確認してくれるでしょう。

そのあと まわりの人たちが ぶじかどうか も みてあげようね。

じしんのあとには「よしん（あとからくるゆれ）」が
あるかもしれないよ。きたら、また　しゃがんで、かく
れて、つかまってね。

あなたはとても勇敢ですね！

こわいな…しんぱいだな…っておもう気もちがあっても大じょうぶだよ。

ゆっくり大きく すって はいて、いきをしてみよう。

おうちの人に いつでも はなしていいんだよ。みんなを まもるために いてくれるんだからね。

もっと練習しましょう！

伏せる

隠れる

つかまる

家族やおともだちと いっしょに れんしゅうして、じしんのときに もっとあんしんできるようにしようね。

あなたならできる！
君ならできる！

この絵本は、お子さまの役に立ちましたか？
もしそうであれば、ぜひ感想をお聞かせください。

www.amazon.com/gp/product-review/B0GMDTWDHV

ほかの書籍タイトルについては、こちらをご覧ください。

www.fzwbooks.com

著者とつながる

メール: books@fzwbooks.com
facebook/instagram: @FZWbooks